El laberinto de Ockham

EL LABERINTO DE OCKHAM

A. Chico

Círculo Rojo
EDITORIAL

Primera edición: marzo 2024

Depósito legal: AL 558-2024

ISBN: 978-84-1061-859-6

Impresión y encuadernación: Editorial Círculo Rojo

© Del texto: A. Chico
© Maquetación y diseño: Equipo de Editorial Círculo Rojo

Editorial Círculo Rojo
www.editorialcirculorojo.com
info@editorialcirculorojo.com

Impreso en España — Printed in Spain

Este escrito intenta reconstruir un modelo económico diferente al nuestro en un planeta gemelo en tamaño y en edad. Lo particular de este modelo es que acaba con la pobreza, la corrupción, la delincuencia organizada y las guerras. Tendrán que perdonar que sea tan directo y parco en palabras, pero me debo al título del relato.

A partir del 2013, la curva de la mortalidad infantil en los países pobres ha vuelto a crecer: actualmente más de dieciocho mil niños mueren cada día —y eso solo contando a los menores de cinco años—, más de seis millones y medio de niños al año. Más de tres mil millones de personas viven por debajo del nivel de pobreza y más de setecientos cincuenta millones no tienen acceso al agua potable. Podríamos seguir hablando de otras injusticias, ¿verdad? Trata de personas, narcotráfico y un largo etcétera que todos conocemos, ¿no es así? Así que, por el bien de todos, lo dejaremos ahí.

Porque nuestros sueños son nuestras metas y, por consiguiente, nuestro futuro.

Recuerda siempre: tienes en tu interior la fuerza, la paciencia y la pasión para alcanzar las estrellas y cambiar el mundo.

HARRIET TUBMAN

Nuestro protagonista es un matemático, un empleado de alguna oficina, uno de esos frikis que miran incesantemente a su alrededor en busca de números que conformen un patrón. Un hombre estirado, alto y de fina silueta, afeitado y con gafas redondas, su pelo rizado es un constante tintineo a cada uno de sus movimientos, su imagen proyecta a una persona, cuando menos, peculiar. Su nombre es Sheldon Tesla y tiene pilas de trabajo esperándole, lleva unas semanas muy ajetreadas en la oficina porque quedan pocos días para cerrar el ejercicio del año y su jefe no le deja en paz.

Sheldon está agotado, sufre de insomnio y apenas recuerda cuándo fue la última vez que durmió más de dos horas seguidas, sus largos rizos castaños, siempre tintineando, parecen ser los únicos que aguantan el ritmo. Por la noche, cuando por fin llega a casa, su cuerpo no puede más y le dice basta. A duras penas puede llegar hasta el dormitorio con las fuerzas justas para quitarse los zapatos, la chaqueta y no más. Cae de morros contra el blando colchón, noqueado por el cansancio, quedando con los brazos y las piernas abiertas. Comenzando un viaje a través del oscuro vacío, entrando en uno de los sueños más profundos de su vida, ni un solo rizo se le mueve ya.

Cuando recobra el sentido, se encuentra en medio de un camino de tierra custodiado a sus flancos con un tupido manto verde de hierba. Al levantar la mirada se da cuenta, no está en la Tierra. Sobre el horizonte dos colosales planetas acechan de forma amenazante desde las alturas. Aquella postal le hizo darse cuenta de que estaba soñando y se alegró porque odiaba estar cansado todo el día, todos los días, así que decidió seguirle el juego al sueño y explorar el lugar.

A lo lejos vio lo que parecían un par de estructuras y se acercó interesado para verlo más de cerca, se desplazaba más rápido de lo normal. Las estructuras eran edificios, se trataba de un pueblo con un sinfín de viviendas de muros de piedra y voladizos de madera. Ya más cerca, comprobó que las calzadas eran de un color blanco hueso y parecían estar hechas de un material sintético. Cuando apartó los ojos del suelo vio los primeros coches, eran totalmente silenciosos, por eso no se había dado cuenta antes. Por precaución se subió a la acera y se interesó por una ventana baja que le quedaba cerca, tocó el marco de madera y descubrió que no era madera, también era de algún material sintético. Probó después tocar la piedra, pero esta vez sí la piedra era auténtica.

Comenzó a andar por aquella exótica acera y, superando la esquina, comenzó a ver gente caminando por las calles. Eran un poco extraños, no parecían humanos, sus piernas eran muy cortas y sus cuellos tan anchos o más que sus cabezas. De repente todos se giraron y se quedaron mirando a Sheldon.

—¡Son ratones! —exclamó en voz alta—. Bueno, roedores, seguro —se corrigió.

Un montón de roedores de más de metro y medio de altura rodearon a Sheldon para inspeccionarlo, un escuchimizado de piernas largas que les sacaba dos palmos, con gafas y un divertido peinado. Hubo un par de muecas y no mucho más, al poco rato se fueron diluyendo y se marcharon cada uno por su camino como si nada sucediese. Sheldon tampoco se extrañó demasiado, era un mundo un poco raro, pero había estado en sueños mucho peores.

Comenzó a deambular entonces más tranquilo por las calles hasta que se dio cuenta de que hacía rato que le seguía un pequeño roedor. Aproximadamente mediría un metro de alto, vestía camisa blanca y pantalones anchos con tirantes y grandes bolsillos, en los que tenía metidas las manos.

—Hola, patilargo. ¿Tú quién eres? —dijo sin mostrar vergüenza alguna.

—Mi nombre es Sheldon y vengo de un planeta llamado Tierra. ¿Quién eres tú?

—Yo me llamo Fili, bienvenido al planeta Ockham. —Para el pequeño roedor era todo un hito conocer a un alienígena del planeta Tierra.

—¿Ockham? Me gusta, entraña cierto misterio. He venido a dar una vuelta por tu planeta a ver qué me encuentro —siguiéndole el juego al sueño.

—Si quieres saber cosas de Ockham, has dado con el roedor adecuado; yo lo sé todo del planeta —dijo blandiendo una amplia y pilla sonrisa.

—Ya, ya, te veo venir. Supongo que querrás dinero a cambio de tu información, ¿no? —respondió Sheldon desconfiado.

—¿Quieres darme dinero? No entiendo lo que dices. —Fili, extrañado, se rascaba su peluda cabeza—. ¿Cómo quieres hacer eso? Eso no se puede hacer.

—¿Cómo que no se puede dar dinero? Quizás es porque eres muy pequeño para entender cómo funciona el mundo. ¿No tendrías que estar en el cole?

—Pues no sé cómo será en ese planeta Tierra del que vienes, pero aquí en Ockham un roedor no puede darle dinero a otro, eso lo sabe todo el mundo.

—¿Quieres decir que aquí no existe el dinero? —moviendo su cabeza y sus rizos, provocando la risa de Fili.

—Claro que existe el dinero, tonto. Si no, ¿cómo íbamos a comprar cosas? Pero el dinero no se puede dar, solo puede desaparecer.

Sheldon se quedó parado ante la respuesta de su nuevo amigo, no acababa de entender lo que le decía. Quizás simplemente fuera un malentendido con un niño.

—Ahora el que no entiende soy yo. ¿Qué es eso de que el dinero desaparece?

—Pues eso, que desaparece, que deja de existir. —Ante la explicación Sheldon solo hacía muecas de incomprensión—. No sabría cómo explicártelo, pero tengo que ir a comprar el pan. Si quieres, puedes acompañarme y podrás verlo tú mismo.

Sheldon estaba extrañado con las explicaciones que le daba Fili, podría estar perdiendo el tiempo, pero le entró curiosidad por aquel dinero que desaparecía y decidió otra vez seguir la corriente y acompañarle hasta aclarar el asunto.

Sin saber cómo, habían llegado frente a la esquina de alguna calle, en la gran cristalera se leía «Panadería Buckerman». Fili entró primero y unas campanillas dieron cuenta de su entrada, la tan exótica figura de Sheldon, que entró después, ya comenzaba a pasar desapercibida en ese otro mundo.

—Buenos días, señora Buckerman.

—Buenos días, Fili. ¿Quién es tu nuevo amigo?

—Se llama Sheldon y viene de un planeta llamado Tierra. Está interesado en nuestra forma de comprar, no entiende lo de que el dinero desaparece.

—¡Ah, qué curioso! Hola, Sheldon. Encantada de conocerte. ¿Aún no conoces nuestro dinero? Déjame que te lo explique mientras atiendo a Fili.

—Por supuesto, señora Buckerman. Muchas gracias.

—¿Tienes tu bolsa, Fili?

—Sí, toma —sacándose una bolsa coloreada plegada del bolsillo trasero—. Mi madre me ha dicho que comprara una barra de pan y una botella de leche, y también quiero un bollo de chocolate para mí y otro para mi amigo.

—Muy bien.

Comenzó a preparar el pedido de Fili y lo metió todo en la bolsa. Una vez finalizado y embolsado el pedido, pulsó el mostrador y apareció de la nada una calculadora táctil que toqueteó con suma destreza.

Total: 2,20 LKS

—Ahora Fili tiene que pasar el código QR por el lector y su huella dactilar en el recuadro de la pantalla para identificarse —explicaba la señora Buckerman.

Filli sacó de su bolsillo delantero un móvil, lo encendió y pasó el código por el lector en la esquina inferior del mostrador y puso el pulgar en el recuadro. La pantalla cambió.

Sonia Actris   (hijo, Fili Laberman)

42 817,80 LKS   (máx. 200 LKS)

—Mira —mientras la señora Buckerman le señalaba—, este es el dinero que tiene disponible Sonia, la madre de Fili, y en paréntesis el dinero máximo que puede sacar él. El pan, la leche y los bollos cuestan en total 2,20 likes —

le explicaba a Sheldon mientras tocaba la pantalla y esta volvía a cambiar.

Sonia Actris

42 815,60 LKS

—Ya veo, su cuenta se reduce. En mi planeta lo hacemos igual, pero ¿qué es eso de que el dinero desaparece? —preguntó Sheldon, temiendo haber sido manipulado por un crío y quedar en ridículo.

—Pues muy sencillo: que el dinero que se ha restado de la cuenta de Sonia deja de existir. No va a ningún sitio, simplemente desaparece.

—Un momento —dijo Sheldon contrariado—. ¿Me estás diciendo que tú no has cobrado por los productos que has vendido?

—Exacto.

—Pero, entonces, ¿de dónde sacas el dinero para vivir?

—Pues de mi salario, aquí todo el mundo tiene un salario asignado según el trabajo que desempeña.

—Pero no lo entiendo. ¿Y el dinero que te cuesta tu producto?

—Las materias primas que utilizo, es decir, la harina, el azúcar, el aceite y demás, me las dan gratuitamente, dependiendo del volumen de mi empresa.

—Pero ¿y los distribuidores y agricultores tampoco reciben dinero por sus productos?

—Bueno, como ya te he dicho antes, Sheldon, todo el mundo recibe un salario por desempeñar una tarea.

—¡Bufff! —Se frenó por un instante—. Ahora tengo un montón de preguntas. Y ese salario que tiene todo el mundo, ¿de dónde sale?

—Verás, el dinero que paga el sueldo de todas sale de un *software* informático. El día 3 de cada mes todo el mundo cobra su salario y es el único día del mes en el que nuestras cuentas aumentan.

—Entonces, el dinero no circula entre las personas, si lo he entendido bien. —A lo que la señora Buckerman asintió—. ¿Cómo ponéis el precio a los productos?

—Pues dependen en gran medida de su coste sostenible y en menor medida del tiempo necesario para su producción.

—¿Qué es eso del coste sostenible?

—Es el coste que depende de las necesidades de la población, la cantidad de recursos existentes en el planeta, su poder de regeneración y también de su poder contaminante. ¿Quieres un ejemplo? Mira, este bollo de chocolate está hecho de harina, agua, levadura y chocolate, todos los ingredientes se regeneran fácilmente, la disponibilidad de los recursos es buena y su producción no es contaminante. Para un artículo de entre cien y doscientos cincuenta gramos el precio es de diez céntimos por el uso del agua, la harina y la levadura, y veinte céntimos por el chocolate, un total de cincuenta céntimos que te cobro por un bollo.

—¿Y tu trabajo no sale en la factura?

—Mi salario cubre los costes de mi mano de obra con estos bollos. Si me hicieras un pedido personal, ahí sí saldría mi trabajo en la factura.

Fili estaba resoplando, toda aquella charla de mayores comenzaba a aburrirle, así que se entrometió en la conversación:

—Sheldon, vámonos ya, mi madre me está esperando para llevarle la compra.

—Pero, Fili, yo aún tengo muchas preguntas que hacer.

En ese momento una roedora entró en el establecimiento, miró a Fili y a Sheldon sin inmutarse y esperó su turno.

—Perdóname, señor —le indicó la señora Buckerman—, pero debo atender a mi clienta. Estoy segura de que encontrarás respuestas a tus preguntas de cualquier roedora a quien preguntes.

—Sí, claro, por supuesto. Has sido muy amable. Muchas gracias por tu ayuda.

Ambos amigos dieron media vuelta y, cuando cruzaban el umbral, las campanillas de la puerta y los rizos de Sheldon tintinearon al unísono, hecho que no pasó desapercibido para Fili.

Una vez fuera ya del local…

—Un dinero que sale de un *software* para todo el mundo y que no se puede intercambiar —exclamó Sheldon—. Qué original sistema económico, y parece sencillo, aunque, claro, estoy dentro de un sueño —dijo pensativo en voz alta mientras se agarraba el mentón con la mano—. Me pregunto dónde estará el fallo, tiene que haber alguno, seguro.

—¿Por qué dices que estás dentro de un sueño?

—Fili, necesito hablar con un adulto, tengo muchas dudas por resolver.

—Vente a comer a mi casa, mi madre sí que lo sabe todo. —Fili estaba ilusionado con la idea de que su amigo alienígena fuera a comer a su casa.

—¿Sabes qué? Que me parece bien, así veré también cómo es la gastronomía del lugar. —Tanto nuevo descubrimiento le había dado hambre.

Y comenzaron a caminar, primero a través de una plaza y después girando a la derecha por la primera calle.

—Por cierto, ¿tú vas al cole?

—Sí, claro. ¿Qué si no? Pero acabamos de comenzar las vacaciones y mis padres y yo nos vamos a ir de viaje a Dumbar y alquilaremos un yate. Está al otro lado de Ockham, ¿sabes?

—Qué suerte que te vas de vacaciones con tus padres, ¿no?

—Es lo normal, todas las familias del mundo hacen juntas las vacaciones. ¿No es así en tu planeta?

—Pues en mi planeta no es tan normal, a veces las vacaciones de los propios padres no coinciden mucho.

—Pues muy mal. Aquí, menos las familias que se separan, el resto tienen las mismas vacaciones. Nosotros tenemos el mes de agosto en verano, el mes de enero en invierno, doce días en octubre y otros doce días en abril.

—¡Vaya!, eso son casi tres meses de vacaciones al año. ¿Ya aguantan las empresas tanto tiempo cerradas? —Aunque al segundo se dio cuenta—. Pero, claro, si tampoco crean beneficios nunca… Tengo que enterarme de cómo funciona eso, seguro que el fallo es evidente —dijo hablando para sí mismo, de recordatorio.

—¡Ah! Y también tenemos días festivos, el día de Año Nuevo, Navidad, el Día de la Madre y alguno más.

—¡Ah!, ¿que también tenéis días festivos? Veo que tenéis un montón de días libres al año. Pues me parece muy bien. —Y de la nada, se sacó una amplia y graciosa sonrisa, que exponía toda su dentadura—. ¿Sabes? Hablas muy bien para ser tan pequeño.

—No soy pequeño; tengo doce años, a punto de cumplir trece. Lo que pasa es que soy un poco bajito, patilargo —dijo herido en su orgullo—. Ya hemos llegado a mi casa. Entra, por favor, no seas tímido. —Se giró y le sonrió con la misma mueca intentando imitarle.

Su casa conservaba la estética de la villa. Sheldon se detuvo a observar las vistosas flores rojas, blancas y amarillas que sobresalían del balcón del segundo piso.

—¿Mamá? Ya he vuelto, he traído a un invitado especial.

—¿Un invitado especial? Un momento, que ahora bajo.

El interior de la vivienda era modesto, casi minimalista: el recibidor era uno con un gran salón, al otro lado había tres puertas, a la izquierda se entreveía la cocina y enfrente estaban las escaleras que conducían al segundo piso. Al poco, la madre de Fili bajaba con la mano apoyada en la barandilla.

—Hola. ¡Uy!, ¿a quién has traído? —A Sonia le impactó el aspecto del matemático.

—Se llama Sheldon y viene de la Tierra, ¿no es gracioso? —se adelantó Fili.

—Buenos días, señora. Acabo de llegar a este planeta y su hijo se ofreció a hacerme de guía.

—No me llames señora, me hace mayor. Llámame Sonia, por favor. Siéntete como en casa.

—Gracias, muy amable.

—¿Te importa si te pregunto para qué has venido a Ockham?

—Pues la verdad es que me interesa vuestro estilo de vida, es tan distinto al de donde vengo… Recién he conocido algo de vuestro sistema económico. Lo del dinero que desaparece aún no lo comprendo del todo, pero me gustaría saber más.

—Comprendo que todo sea nuevo para ti. No te preocupes; te ayudaré en lo que pueda. Iba a hacer la comida, ¿te gusta la pasta? ¿Quieres quedarte a comer?

—Claro, será un placer, muchas gracias.

—Ven, ayúdame mientras hablamos.

Entraron en la cocina y Sonia se dirigió hacia un armario, del que sacó un pote con una pasta parecida a los *tortellini*. Todo lo que veía Sheldon le era familiar: una nevera con una pantalla en la puerta, un microondas, la vitrocerámica, una cafetera de cápsulas. Fili también entró en la cocina y dejó las barras de pan sobre un cuenco que parecía de madera, y los bollos y la leche, en la nevera. Al cerrar anotó verbalmente el almacenaje y la pantalla de la puerta se iluminó:

—Guardando dos bollos de chocolate y una botella de leche.

—Toma estas cebollas, pélalas y córtalas en juliana, por favor —pidió Sonia a Sheldon.

—No hay problema. —Se puso a ello mientras ella sacaba una olla para cocer la pasta.

—Así pues, ya conoces algo nuestro sistema económico —dijo despreocupadamente mientras llenaba la olla con agua.

—Bueno, en realidad, tengo muchas preguntas al respecto, no sé por dónde empezar. Comprendo que el dinero sale de un *software* y que se reparte en forma de salario a cambio de realizar una tarea específica, pero ¿puede un empresario prosperar con este sistema?

—Claro. Verás, hay cinco categorías de empresas por su reconocimiento: local, regional, cultural, intercultural y global. Y hay doscientos cincuenta likes de diferencia en el salario entre cada escalón. Cualquier empresa puede subir o bajar de categoría dependiendo de su eficiencia laboral; incluso pueden llegar a cerrarte la empresa si tu eficiencia no alcanza un mínimo. Además, cada año se celebran los premios a la excelencia laboral, en los que se premia a las mejores empresarias y trabajadoras, y, dependiendo de la categoría, se puede ganar desde sueldos mensuales hasta yates o casas.

—¿Quiénes pueden cerrar las empresas? —preguntó Sheldon, buscando siempre cualquier pista que le ayudara a desenmascarar ese, a su juicio, onírico sistema.

—Cada familia profesional es responsable de garantizar la eficiencia de sus empresas y, por lo tanto, de cerrar aquellas que no funcionan bien. Aunque, en realidad, es el pueblo con su voto quien decide si estos gremios están funcionando bien o deben corregir su forma de hacer.

—Vaya, pues esa tampoco es mala respuesta… ¿Y qué hay de los trabajadores?

—Bueno, ellas tienen cuatro categorías: operaria, jefa de equipo, encargada y proyectista. También a doscientos cincuenta likes de diferencia entre escalones. Y, además, está lo de los premios anuales.

—¿Qué jornada laboral hacéis?

—Bueno, pues, por lo general, la jornada semanal es de veinticuatro horas, tres días laborales y cuatro festivos. Mi marido y yo trabajamos de lunes a miércoles, igual que Fili, que coincide con nuestros días libres.

—Un momento, ¿quieres decir que las empresas solo están abiertas tres días a la semana? —Aquello empezaba a parecerle demasiado, su sueño se reía de él.

—Para nada. Como el dinero sale de un *software*, y no del empresario, todos los puestos de trabajo están desdoblados; así, todas las empresas tienen dos plantillas enteras y están abiertas de lunes a sábado. Gracias a eso no existe el desempleo en todo Ockham.

Sheldon se quedó por primera vez parado, no se lo esperaba. ¡Una población activa sin paro! No quiso decir que le parecía una solución ingeniosa. Ahora sí que habían captado toda su atención, ahora se empeñaría más en encontrar el fallo del sistema.

—Entonces, ¿no existe el paro en Ockham? Y además de los casi tres meses de vacaciones, ¿trabajáis solo tres días a la semana?

Sonia asintió y nuestro matemático comenzó a hacer números mentalmente.

Alzó la cabeza y entornó sus ojos. «2 meses y 24 días de vacaciones son 84 días, entre 7 son 12 semanas. Un año tiene 52 semanas, menos 12 son 40 semanas laborales. A 4 días festivos por semana laboral son 160 días, que más los 84 días de vacaciones son 244 días libres al año. Entre 365… es más del 66 % de los días del año libres, y sin contar los festivos», calculó Sheldon para sí mismo.

La pasta ya se estaba cociendo y Sheldon había dejado de cortar a trocitos los tomates, se había quedado quieto como un robot averiado, absorto en sus cuentas mentales. Y, de repente, volvió a funcionar.

—Y… no sé, por ejemplo, ¿quién decide los salarios? ¿Los políticos? —Sheldon comenzaba a mostrarse inseguro.

—No, las políticas no eligen nada. Somos la gente, Sheldon; todas las roedoras de Ockham decidimos sobre el dinero, la justicia, la sanidad, la educación, el resto de gremios y sobre los proyectos que se hacen a nivel local y global. Cada año votamos desde casa y elegimos el funcionamiento de nuestro sistema.

—¿No tenéis políticos?

—Claro que tenemos políticas, conservadoras y progresistas, que se encargan de la administración social y laboral del pueblo, de llevar a voto las propuestas del pueblo, de la logística necesaria para realizar los proyectos que la ciudadanía elige y todo el tema de las relaciones interculturales.

—Tengo otra pregunta —se le ocurrió de repente—: ¿qué pasa si alguien no quiere trabajar? No tendría forma humana, con perdón, de conseguir dinero, ¿no?

—Aquí en Ockham nadie pasa hambre. Las roedoras que no quieren trabajar tienen un salario pequeño que les permite vivir con austeridad; pero, eso sí, si quieres disfrutar de la vida y el planeta, tienes que trabajar. Por ejemplo, las trabajadoras tenemos el transporte gratuito, pudiendo viajar a cualquier parte del planeta sin coste alguno; las paradas solo pueden hacerlo a nivel regional.

—Pero con ese sueldo los parados no pueden comprarse una casa.

—Sheldon, la vivienda, la sanidad y la educación son gratuitas en todo Ockham.

—¿Cómo? —Sheldon se quedó parado por segunda vez—. ¿Y quién paga todo eso?

—Mira que eres cabezón… —interrumpió Fili—. Ya te han contado varias veces que todo el mundo cobra un salario por realizar su función —rebufó.

—Entonces, ¿os regalan las viviendas? ¿No tenéis hipotecas?

—¿Hipotecas? ¡Ufff! De eso hace casi cuarenta años, desde que cambiamos de sistema y yo era muy pequeña. La verdad es que nunca entendí cómo funcionaba, era muy lioso. Y, respecto a tu pregunta, sí, todas las roedoras de Ockham tienen derecho a una vivienda digna, y Logística se encarga de poner los medios materiales y la mano de obra.

—¿Y de dónde sale el dinero para pagar los recursos de todas esas obras?

—Todas las obras y proyectos que han sido elegidos por el pueblo son a coste cero. Y, la mano de obra, ya sabes.

—Sí, sí; todo el mundo tiene un salario por realizar su tarea —repitió hastiado de la cantinela—. A coste cero, ¿eh? Eso da mucho juego… Supongo que tendréis colosales proyectos globales, ¿no?

—Así es. Sobre todo en medicina, sostenibilidad y en el programa espacial. Y, en investigación en general, los proyectos de investigación se han multiplicado más de un 1000% desde el cambio de sistema.

—Entonces, antes teníais un sistema económico distinto.

—Sí, claro. Nuestro sistema actual existe gracias a la tecnología que hemos alcanzado, antes hubiera sido imposible.

—¿Y qué tecnología es esa?

—La conectividad digital global. ¿Sabes a qué me refiero?

—Sí, sí; me suena. —Se quedó pensativo.

«Esta tecnología ya existe en la Tierra, menuda distopía. El cansancio acumulado ha hecho que mi subconsciente cogiera el vuelo, menudo sueño…», pensaba Sheldon.

A la pasta le faltaban dos minutos, y el tomate con la cebolla cortados a la *brunoise* estaban listos para añadirse. Hacía un rato que Sheldon estaba callado, ensimismado con la última revelación. Pero debía continuar.

—Entonces, ¿no tenéis bancos?

—Claro que tenemos bancos: de peces en los parques —soltó Fili, pero nadie le hizo caso.

—No, hace mucho que no tenemos ese tipo de bancos —corrigió su madre.

—Y, como los empleados públicos también tienen su sueldo, como todo el mundo, tampoco tendréis impuestos.

—Ya lo vas pillando.

—Ya veo… Tengo otra pregunta: ¿cómo se reparten las materias primas y los artículos de las tiendas?

—Buena pregunta. Las materias primas son asignadas anualmente a las fábricas de proceso dependiendo de su volumen de producción; es decir, del volumen de los negocios a los que tienen que abastecer. Los encargos extras se resuelven, después de su aceptación, por orden de fecha del pedido. El volumen o número de negocios activos de una región o cultura depende de las necesidades de su población. Si un comercio no tiene un mínimo de eficiencia es porque su actividad no es necesaria. Esta eficiencia mínima la marca cada gremio profesional, que también decide el volumen y la categoría de las empresas según unas normas y criterios que deben pasar la revisión y aceptación del pueblo.

Quitó el agua de la olla y le añadió a la pasta el tomate, la cebolla, un par de ajos aplastados, una pizca de una hierba verde y un chorrito de aceite. Volvió a poner la olla al fuego mientras vigilaba y le daba vueltas.

—Oye, ¿y cómo ponéis precio a las materias primas?

—Hay cinco clases de materias primas según su abundancia: grave riesgo de escasez, riesgo de escasez, disponibilidad limitada, disponibilidad abundante y sintéticos. Los dos últimos son los más baratos o gratuitos; sin embargo, las materias primas en riesgo de escasez, como el zinc, el cromo o el cobalto son tan caras que nos obligan a sustituirlas por materiales sintéticos. Desde que descubrimos el grafeno, que es un material fácil de producir, más duro que el acero y mejor conductor que el cobre, nuestras necesidades respecto a los recursos del planeta han disminuido muchísimo. Estamos a medio paso de ser una civilización autosuficiente en recursos materiales y en necesidades energéticas.

—¡Vaya!, qué genial parece todo... —respondió Sheldon sin ocultar su ironía—. ¿Cuánta gente hay en Ockham? ¿Ya hay comida para todos?

—Somos cerca de nueve mil millones de roedoras, y no, en Ockham no hay hambre. Todo es posible si todas las culturas del mundo trabajan en la misma dirección. La eficiencia de nuestra agricultura y ganadería es muy superior a la que teníamos antiguamente, que se basaban en técnicas locales. Ahora forman parte de nuestra ingeniería global. No, Sheldon, no existe la pobreza ni el hambre en todo Ockham —dijo bien orgullosa—. Ale, la comida ya está lista. Prepara la mesa, Fili.

Toda aquella charla dejó a Sheldon tocado, meditando otra vez, pero ni por un segundo se le pasaba por la imaginación que aquel sistema pudiera funcionar en el mundo real.

Fili se levantó de la silla y abrió el cajón de los cubiertos. Sacando los tenedores y las servilletas, cogió el pan del cuenco sintético y los dispuso en la mesa de la cocina. De otro armario sacó los vasos y el agua. Al fin se sentaron a la mesa y Sonia repartió la pasta en los platos mientras Sheldon llenaba los vasos de agua. Nuestro matemático aguardaba en silencio intentando comprender toda la información recibida.

—Te veo muy callado. ¿Tan diferente lo hacéis allá de donde vienes? Cuéntame, me gustaría saber cómo lo hacéis en vuestro planeta.

—Pues es muy diferente, verás…

A Sheldon le daba vergüenza hablar sobre el sistema de vida en la Tierra; ¿con qué cara les iba a contar que más de tres mil millones de personas son pobres? Así que se ciñó a un guion más favorable, les habló de cómo el dinero circula de mano en mano, de la inflación, de los impuestos, de los créditos y de los intereses, de la oferta y la demanda, lo de la jornada de cuarenta horas semanales y lo del mes de vacaciones si tienes suerte.

—¡Bufff! Si quieres que te diga la verdad, no lo he entendido muy bien, me he hecho un lío con lo de los impuestos y a partir de ahí me he perdido. Pero se ve que trabajáis mucho, sois un pueblo muy trabajador —dijo Sonia buscando el lado positivo.

—Pues sí. —Se rio Sheldon haciendo tintinear su flequillo—. Si no lo conoces, puede resultar bastante complicado; de hecho, es complicado hasta para nosotros. —Sonrió inocente—. Incluso a veces nos engañan para sacarnos más dinero, puesto que ni nosotros mismos comprendemos bien cómo funciona.

—¿Quieres decir que os roban dinero?

—Sí, Sonia; nos roban dinero en la calle y en los bancos.

—Mmm… ¡Qué interesante! —dijo con cara de póquer—. ¿Y el tema sanidad, educación y vivienda?

—Pues tenemos que pagar por todo. El coste de una vivienda supone una deuda de por vida para la mayoría de los trabajadores y la sanidad depende del dinero que tengas, incluso hay gente que muere por no poder pagarse la hospitalización.

—¡Uy!, eso es horrible. —Sonia no pudo reprimirse esta vez—. Pero ¿cómo dejan que suceda eso?

—No sabría decirte, Sonia. Si tienes dinero, te va bien, y, si no lo tienes, te va mal.

—Claro, por eso os lo roban, ahora lo entiendo.

—Bueno, sí; pero al menos es un sistema que funciona —se le escapó a Sheldon, no quería quedar como alguien que viene de un sitio absurdo.

—¿A eso lo llamas funcionar? Solo de pensarlo, me da repelús.

—¿Qué quieres que te diga? —Se encogió de hombros—. Todo esto es solo un sueño y nada más.

Por un instante se hizo el silencio.

—Si realmente crees que nuestro sistema no funciona, te propongo una cosa. —Fili rompió el silencio con un extra de brillo en sus ojos.

—¿El qué?

—Quédate a vivir un tiempo por aquí y así entenderás cómo funcionamos.

Sheldon le miró un poco incrédulo al principio. «¡Qué osada es la inocencia!», pensó. Pero, bien mirado, estaba dentro de un sueño y a lo mejor podía hacer algo, como controlar las acciones y el tiempo. Había escuchado demasiadas cosas y para él ya era una necesidad vital encontrar el fallo en aquel intrincado laberinto de Ockham. No se podía permitir pensar que ese sistema pudiera funcionar y que en la Tierra existiera tanta hambre y pobreza.

—De acuerdo, acepto. Me quedaré por aquí todo el tiempo que pueda. —Le sonrió a Fili—. ¿Por dónde empiezo?

—Lo primero que deberías hacer es ir al ayuntamiento a empadronarte, cuando te hayas empadronado te darán una vivienda y dinero. Así podrás comprarte comida o lo que necesites. Y también deberías comprarte un móvil —contestó convencida Sonia.

—¿Vivienda y dinero? ¿Así de fácil?

—Así de fácil.

—Pues bien, tendré que ir. ¿Cuándo abre el ayuntamiento?

—Por las tardes de tres y media a siete. Son las dos y cuarto, tienes tiempo.

—¿Cómo lo hago para llegar?

—No te preocupes; Fili te acompañará —viendo que su hijo disfrutaba con la compañía de aquel estrafalario alienígena de la Tierra—. No está lejos de aquí.

—¡Oh! Sí, mamá. Gracias, gracias —mientras la abrazaba.

Continuaron comiendo mientras Sheldon intentaba explicarles de nuevo el sistema de la Tierra, pero a Sonia y Fili se les veía cada vez más confundidos. Al acabar los platos, Fili se levantó y trajo el bol de la fruta. Sheldon eligió lo que parecía un plátano, lo probó y tenía sabor a pera, aunque su textura sí que era la de un plátano. Acabó de comer tranquilamente y se despidió de Sonia agradecido. Al instante después se encontraba ya en la calle caminando junto a Fili.

—Vamos, es por aquí. —El pequeño roedor giraba por una esquina.

Ante ellos se abrió una plaza enorme, fácilmente cabrían allí varios miles de personas. Al otro lado había un gran edificio, tan largo como la plaza, y en el balcón del primer piso hondeaba una gran bandera azul y verde.

—Este es el ayuntamiento —dijo Fili—. Entrando a la derecha, está Administración.

—¿Y qué tengo que decir?

—Recuerda que vienes a empadronarte.

Al entrar se fascinó con la cantidad de luz del interior, los suelos parecían de gres y las columnas, de mármol. Enfrente de ellos se alzaba una amplia escalera, y a su izquierda, un corredor tan largo que el final no se veía, se intuía. Sin embargo, a su derecha, una pared de varias plantas ocupaba la sala este del ayuntamiento, se accedía a su interior a través de una vidriera. En un rótulo verde y azul estampado en la puerta se leía «Administración». Entraron y se acercaron al mostrador más cercano.

—Buenos días, mi nombre es Zeta. —Un autómata que parecía una roedora de verdad, o casi, los saludaba—. Usted no es de por aquí, ¿verdad?

—Vaya pregunta… ¿Has visto alguna vez a alguien como él por aquí? —rebufó el joven roedor ante tamaña provocación.

—Hola, buenos días. Me llamo Sheldon y he venido a empadronarme.

—A empadronarse y a hacerse un código personal, si no me equivoco. —El autómata guiñó el ojo a Fili, sin tenerle en cuenta el comentario.

—¿Qué es ese código personal?

—Es un código QR que te identifica y que contiene toda tu información, el historial administrativo, el monedero, el historial sanitario, la actividad laboral, el historial educativo, los carnets de conducir y otros. Para hacértelo tienes que rellenar esta ficha, toma. —El autómata entregó una *tablet* fina y transparente a Sheldon—. Sentaos y cuando lo hayáis rellenado volved.

—Muchas gracias —dijeron a la vez.

Se sentaron a rellenar el formulario, pero Sheldon no tenía tiempo que perder. Cerró los ojos y cuando los volvió a abrir la ficha se había rellenado por arte de magia.

—¡Vaya!, me parece que ya sé controlar el sueño —guiñándole a Fili.

Su joven amigo estaba maravillado observando a un marciano decir cosas de marcianos. Sheldon volvió a cerrar los ojos y al volver a abrirlos estaban de nuevo frente al autómata.

—Hola, Zeta. Ya lo hemos rellenado.

—Muy bien. Pues solo falta que pongas el dedo gordo en el recuadro —indicándole un cuadrado verde en el mostrador, a lo cual Sheldon hizo los honores— y ya estás empadronado. Aquí tienes tu QR.

De debajo del mostrador sacó una tarjeta blanca con un código QR impreso y se la entregó a Sheldon, que cogió la cartera de su bolsillo y le buscó hueco. Ahí estaban sus tarjetas del mundo real: los carnets de conducir; el DNI; la tarjeta de crédito, la de sanidad, la del supermercado, de la gasolinera; un billete de metro… En fin, no había espacio para la nueva tarjeta.

—Un momento, esto es un sueño, ¿no? Pues fuera todas las tarjetas. —Sheldon había cogido la costumbre de decir en voz alta todo lo que pensaba.

Tiró todas las tarjetas del monedero en la papelera incrustada en el mostrador. Aunque ante una segunda reflexión, tiró también los billetes y las monedas, y finalmente el monedero mismo, guardándose únicamente la tarjeta personal de Ockham en el bolsillo de la camisa.

—Esto, cuando despierte, me dolerá menos —dijo sonriendo ante la cara de incomprensión de los presentes.

—Ya se te han cargado dos mil likes a tu cuenta —prosiguió el autómata— y puedes disponer de ellos ya mismo. Recuerda que, mientras no desarrolles una función para la sociedad, tu salario será el de un parado. Además, deberás pasar por el Departamento de Vivienda de la primera planta para que te asignen un hogar. ¿Puedo ayudarte en algo más? —Su trato resultaba mecánico.

—Pues sí —saltó Sheldon—: ¿Podrías facilitarme un listado con los salarios laborales?

—Sí, claro. Un momento, por favor.

El autómata entrecerró los ojos y operó desde su interior, poco después la pantalla del mostrador reflejó la lista:

Parados	450 LKS, 12 pagas al año*
Trabajador	2000 LKS, 14 pagas al año**
Empresario	2300 LKS, 14 pagas al año**
Trabajador de difícil cobertura	2300 a 3500 LKS, 14 pagas al año
Jubilado	2500 LKS, 14 pagas al año

* 250 LKS solo para alimentación, no acumulable.

** +250 LKS por cada nivel.

Sheldon sopesó un par de veces la lista.

—¿Y eso es todo? ¿Así de sencillo?

—Sí, así de sencillo es.

—Bien, déjame pensar. —Se cogió el mentón con la mano y levantó la cabeza hacia el techo intentando ordenarse mentalmente—. ¿Dónde pueden asesorarme para abrir un negocio?

—Aquí mismo podemos iniciar la solicitud.

—Pues me gustaría abrir un bar —dijo Sheldon—. Siempre he querido tener uno.

—¿Un bar? Déjame ver… —El autómata permaneció estático mientras buscaba la información—. Parece ser que no es posible, no tienes la titulación requerida.

Sheldon cerró los ojos y los volvió a abrir.

—Prueba otra vez —le insistió a Zeta.

—Perdona, ahora veo que sí tienes la titulación. —El autómata volvió al trance de la búsqueda—. Pues ha habido suerte: hay un local vacante por jubilación desde hace una semana. Era una tienda de muebles, pero no te preocupes porque Logística te ayudará a reconvertirlo en un bar. El local tiene ciento veinte metros cuadrados, por lo que tendrás un aforo de hasta sesenta roedores. ¿Qué te parece?

—¡Bufff! Mucha responsabilidad… —resopló Sheldon—. Pero sí, voy a ver qué tal sale.

—Muy bien. En ese caso, deberás ir al gremio hostelero en la primera planta. Y después acuérdate de pasar por Vivienda.

—Sí, gracias. Ha sido un placer hablar contigo, Zeta.

—Igualmente, un placer. Que paséis un buen día.

En un abrir y cerrar de ojos subieron al primer piso, unos carteles en la pared indicaban la ubicación de los departamentos y gremios. Sheldon continuó usando su truco cada vez más a menudo y al volver a abrir los ojos estaban ya dentro del gremio de hostelería, enfrente de un roedor con un bigote muy frondoso.

—Buenos días, caballeros. Mi nombre es Ernesto Woodrow, sindicalista hostelero. ¿En qué puedo serviros?

—Hola, buenos días. He venido para abrir un bar restaurante.

—¿Han pasado por Administración?

—Sí, sí; ya me han adjudicado un local.

—Muy bien. Pues pasa, por favor, tu QR y tu huella dactilar. —Sheldon obedeció—. Así que un bar restaurante, ¿eh? No es un sector fácil; hay mucha competencia y casi la mitad de los negocios acaban cerrando.

—¿Tantos tienen que cerrar? ¿Cómo es eso?

—Siempre ha sido un gremio difícil, no cualquiera puede abrir un restaurante, hay que valer. Para mantener abierto un bar o restaurante, el negocio debe tener una eficiencia mínima del 70 % durante el cómputo de dos años consecutivos; en tu caso, como acabas de iniciar el negocio, tienes tres meses de gracia. Para un restaurante como el tuyo, con un aforo de sesenta comensales, con alta densidad de población alrededor, se le presupone a tu empresa un potencial de treinta mil likes al mes, y ese es precisamente el presupuesto mensual que ponemos a tu disposición para que puedas elaborar las compras de tu restaurante. Así que tendrás que hacer una caja de veintiún mil likes al mes como mínimo para mantener tu empresa abierta, ¿comprendes?

—Si no me equivoco, me estás diciendo que el precio que me cuesta el producto es el mismo precio de venta al público —respondió Sheldon como si no acabara de entender sus propias palabras.

—Efectivamente. Eso es así en tu caso porque tu bar es de categoría local, pero, cada vez que asciende tu negocio de categoría, el precio de tu menú y de tu carta se duplica. Y a partir de ahí puedes subir, bajar o mantenerte de categoría.

—¿Y el precio de los platos cómo los pongo?

—Hay una lista de precios de todos los ingredientes dependiendo de su cantidad, solo tienes que sumar el total de ingredientes que componen el plato para obtener su valor. No te preocupes porque tendrás un asesor que te ayudará a abrir tu bar y a configurar tu carta, y después un inspector de hostelería se encarga de subir tus precios a la red. Recuerda que no podrás cambiar tu carta sin su consentimiento. —Hizo un silencio ante una posible pregunta que nadie formuló y continuó—: Bien, te pasaré el contacto de tu asesor, el catálogo de precios de los productos y la normativa del empresario hostelero, que ya conocerás por tu titulación, pero te paso la última actualización por si acaso.

—No tengo móvil —enseñando sus bolsillos vacíos.

—Aún no nos ha dado tiempo de ir a comprarlo —explicó Fili—, pero no os preocupéis, que yo si tengo.

—Muy bien, pues pásalo ahora por el lector.

Alargó el brazo y…

—Ya está, descarga iniciada. —Fili comprobaba cómo iba la descarga—. Descarga completa.

Abrió el archivo y salió una lista, a primera vista, infinita. Allí estaban todos los ingredientes del mundo con su precio según su peso, desde el azúcar hasta la merluza. Más de quince páginas solamente para los distintos tipos de tomate, la mayoría de ellos les eran desconocidos.

—¿Y qué hay que hacer para subir de categoría?

—Necesitas una eficiencia superior al 90 % durante dos años consecutivos; en tu caso, más de 27 000 likes al mes y pasarías de cobrar 2300, que es el sueldo base que tienes ahora, a cobrar 2550 likes al mes.

—Pues no sé si me merecerá la pena el esfuerzo por cobrar doscientos cincuenta likes más al mes…

—Ay, amigo, eso depende de la vocación de cada uno. —Se encogió de hombros y le guiñó.

—Bueno, ¿y cómo empiezo? Tendré que comprar un montón de aparatos y contratar instaladores, ¿no?

—Tranquilo. Mira, ahora te asignaré también a un decorador que te ayudará a equipar tu cocina y dar ambiente a tu sala. Sé que eres nuevo, no te preocupes. —Le sonrió—. No te costará nada, todo esto es gratis, pero recuerda que, si rompes algo, repercutirá negativamente en la eficiencia de tu negocio. Le enviaré un mensaje al chico con la información, ¿te parece? —mirando a Fili.

—Sí, por supuesto. Yo le mantendré informado. —Para Fili aquello era como una medalla, se sentía como el ayudante oficial del alienígena.

—Gracias, Fili. Una pregunta más y te dejo tranquilo, señor Woodrow. ¿El tema de los trabajadores que tengo que contratar?

—Los trabajadores dependen de la Administración, no tendrás que preocuparte de su papeleo, a no ser que haya algún trabajador que no quieras en tu empresa. Ten en cuenta que en tu historial laboral constará tu relación con los trabajadores y eso también formará parte de la eficiencia de tu empresa. Lo tienes todo en la normativa, léetela y, si tienes dudas, puedes venir cuando quieras a preguntarme.

—¡Bufff!, cuánta información… Sí, ya me lo releeré más atentamente — disimulando—. Pues nada más, señor Woodrow, nos vamos al Departamento de Vivienda, un placer charlar contigo —se despidió.

El señor Woodrow iba también a despedirse, pero Sheldon no le dejó, cerró los ojos antes de que pudiera decir nada y al volver a abrirlos estaban ya dentro del Departamento de Vivienda. Enfrente de ellos ya se encontraba la siguiente roedora, con mechas rubias y traje negro, llevaba en la solapa una identificación con su nombre, Paulette.

—Buenas tardes. ¿En qué puedo ayudaros?

—Buenas tardes, Paulette. He venido a que me adjudiquen una casa.

—Sí, claro, cómo no. Pase el código por el lector y su huella, por favor. —Sheldon sacó la tarjeta del bolsillo de su camisa y la pasó por el lector, y, acto seguido, colocó el pulgar—. Muy bien, señor Sheldon. Ahora le estoy buscando un piso para vivir. Soltero y sin hijos, así que un baño. Mayor de treinta y ocho años… Pues, mira, tienes un piso, a tu disposición, de setenta y dos metros cuadrados con dos habitaciones en la planta 42 de la torre 4. En tu información personal puedes encontrar la dirección para que puedas ir a verlo y decidir si te gusta.

—No te preocupes, me va bien, me lo quedo. —Aceptó nuestro matemático, sin alargarlo demasiado—. ¿Dónde puedo recoger las llaves del piso?

—La llave es tu huella dactilar.

—Muy bien. ¿Cómo funciona el tema este de las viviendas? Es decir, ¿puedo ven... —iba a decir venderla, pero recordó que no podía recibir dinero por ella— intercambiarla por otra o por lo que quiera?

—No, está prohibido el intercambio de artículos de lujo, vehículos y viviendas. Pero, si quieres cambiar de casa porque ha cambiado tu situación personal o simplemente porque te has cansado de ella, la Administración te lo solucionará sin mayor problema. Por cierto, como veo que eres de fuera, te comentaré algo sobre las viviendas: a cada roedora mayor de veinte años le corresponde una vivienda, por lo que las parejas tienen dos casas y el tipo de vivienda al que se puede acceder depende del historial inmobiliario que tenga la roedora en cuestión. Así que será mejor que cuides de tu nuevo hogar.

—Ya veo. Oye, ¿por qué está prohibido el intercambio de artículos de lujo, vehículos y viviendas?

—Por un tema de seguridad ciudadana: es para evitar que exista la delincuencia y las mafias. Aunque yo creo que es una medida innecesaria —dijo mientras aleteaba las manos, como si lo que acababa de decir no tuviera importancia.

—¿Cómo? —Aquella fantasía volvió a asestar otro golpe a la realidad y la lógica de Sheldon—. ¿Me estás diciendo que no hay mafias ni delincuencia en Ockham?

—Por supuesto que no. Aquella etapa de nuestra civilización, afortunadamente, quedó atrás hace ya casi cuarenta años.

—Pero eso es una utopía sin solución —se reveló Sheldon contra su sueño.

—Claro que no: desde que no se puede obtener dinero por tus productos, la delincuencia ha dejado de ser rentable. Es lógico.

—Es lógico, es lógico. Eso no puede ser así de fácil —protestó nuevamente nuestro matemático.

—Pues ya me dirás por qué no —le retó Paulette.

Sheldon volvió a agarrarse el mentón y a tocar el piano sobre su mejilla. Esta vez miraba hacia abajo mientras pensaba.

—Con el oro, por ejemplo —dijo por fin.

—¿Con el oro qué?

—El oro, diamantes, gemas, cosas de valor. Vuestro sistema en la realidad crearía un submundo de estraperlo y contrabando inhumano.

—No puedes pagar un restaurante o el teatro o un coche con oro o diamantes. ¿Y te imaginas un vendedor de coches que vende sus vehículos por diamantes? ¿Qué va a decir cuando le pregunten dónde está el coche? Se quedaría sin trabajo. ¿Y qué haría él luego con los diamantes? Solo podría intercambiarlos por otros objetos y siendo ilegal. Y, además, el coche lo encontrarían en seguida. Si quieres cobrar más, la única forma de conseguirlo es trabajando más horas.

A Sheldon no acabó de convencerle el pronto razonamiento de la roedora y se sumió en aquel rompecabezas. Y, pensando pensando, de repente se encontró de nuevo fuera, en la plaza del ayuntamiento. No recordaba haberle dicho adiós a Paulette.

Ya no le interesaba comenzar un negocio, ni ver cómo era su vivienda, ni llegar más lejos en los entresijos entre trabajadores y empresarios. ¿Un planeta sin pobreza, sin hambre, sin delincuencia organizada y con la vivienda y la sanidad gratuitas? Su única inquietud y anhelo en ese momento era encontrar la solución de aquel enigma, una salida. Sheldon siempre se ha divertido en sus tiempos libres resolviendo acertijos, por lo que se encontraba como pez en el agua ante aquel reto. En aquel momento, nuestro matemático decidió dedicarse en cuerpo y alma a reventar por cualquier medio el sistema de Ockham.

—Vamos, Sheldon, tenemos que comprarte un móvil —voceaba Fili mientras le tiraba de la manga.

Sheldon volvió de sus pensamientos y miró a Fili. Pensó que quizás no era una mala idea hacerse con un móvil para buscar información y cerró los ojos. Al volver a abrirlos, ya se encontraban frente al vendedor de turno de una tienda cualquiera de telefonía, un vendedor más alto de lo normal, con rastas, unas gafas redondas y una cinta de colores en la cabeza. Fili intentaba aguantarse la risa ante el parecido razonable entre Sheldon y el vendedor.

—Buenas tardes. ¿En qué puedo ayudaros?

—Venimos a comprar un teléfono —se adelantó Fili.

—Muy bien. ¿Sobre qué gama estáis pensando?

—¿Qué precios tenéis? —preguntó Sheldon interesado.

—Gama económica, cien; estándar, doscientos, y prémium, trescientos likes. Las gamas específicas y para profesionales están dentro de la gama prémium.

—Yo creo que para ti la gama estándar ya está bien —le aconsejó Fili, como ayudante y responsable de la estancia del alienígena en Ockham.

—La estándar está muy bien. Si no vas a utilizar el móvil para algo específico, es lo ideal. Es la gama más vendida.

—Pues bien, sí —eligió Sheldon.

—Vale, tenéis los modelos en aquella pared azul.

Su entrada al local había sido tan brusca que no se había fijado en las paredes de colores que los rodeaban, detrás de ellos quedaba la de color azul. Poco le importaba a Sheldon la estética del celular, así que escogió el primer móvil negro que vio y regresó al vendedor.

—Este de aquí.

—El PH7 Lite, muy bien. Un momento. —Se metió en el almacén y en pocos segundos ya estaba de vuelta con el teléfono y un cargador, que colocó sobre el mostrador—

. Aquí lo tienes, serán doscientos likes. Pasa el QR por el lector, y la huella, en el recuadro verde, por favor.

Era la primera vez que pagaba con ese dinero intransferible. Sacó del bolsillo de su camisa la tarjeta blanca con el código y lo pasó por el lector; acto seguido, hizo lo propio con su pulgar y el recuadro verde. La cuenta de Sheldon se mostró.

Sheldon Tesla
2000,00 LKS

El vendedor completó la compra pulsando sobre un lugar indeterminado del mostrador.

Sheldon Tesla
1800,00 LKS

—Pues ya lo tienes —entregándole el móvil y el cargador sin ninguna funda o bolsa.

—Gracias. —Al principio se lio un poco con el cable del cargador, pero al final pudo hacerle hueco en el bolsillo del pantalón—. Y pensar que ese dinero ya no existe, que ha desaparecido aún me parece raro. —Suspiró—. A ver, ¿qué tengo que hacer para introducir mi código QR en el móvil?

—Eso es muy fácil, yo te enseño —se adelantó nuevamente Fili.

Sheldon no recordaría cómo se sucedieron las cosas. Ahora se encontraban en alguna calle, sobre la acera sintética, y Fili estaba indicándole cómo funcionaba el móvil. Le enseñó a meterse en su perfil personal, comprobar sus cuentas, direcciones y las diferentes opciones. Le reenvió los archivos que se había descargado en el gremio de hostelería, la normativa del empresario hostelero y los contactos del asesor y de Hermanos Lou Decoradores. Parecía que Sheldon tenía muchas cosas por hacer, pero la verdad era que tenía un plan muy diferente.

—Fili, ahora tenemos que separarnos.

—¿Qué? ¿Por qué dices eso? —contestó triste.

—No puedes venir conmigo, tengo que hacer cosas de mayores que no puedes ver, ¿entiendes?

—No es justo —se quejó amargamente.

—No te preocupes; antes de irme pasaré a verte por tu casa, te lo prometo.

—Bueno —cabizbajo—, mándame un mensaje cuando vengas a verme, vaya a ser que estemos en la otra casa.

—De acuerdo, sin problemas. —Le guiñó el ojo y sus rizos volvieron a tintinear.

Fili se le acercó y le dio un abrazo. Sheldon se tuvo que agachar para despedirse de su amigo.

—¿Podrás llegar a casa solo desde aquí?

—Pues claro que podré, patilargo. —Y le sonrió ampliamente, con aquella mueca que solo les pertenecía a ellos—. No tardes mucho en volver, ¿eh?

—No.

Fili se perdió entre las calles y Sheldon tenía vía libre para desarrollar su plan. Si fuera capaz de crear cualquier clase de corrupción en Ockham, demostraría que ese idílico mundo no es posible. Aunque, en el fondo, lo que realmente buscaba era poder congraciarse con el sistema de la Tierra, lleno de injusticias. ¿Por dónde empezar?

Por el oro y las joyas. Podría cerrar los ojos y desear tener todo el oro y los diamantes que quisiera, pero pensó que sería mejor hacer las cosas bien para ser justo con su estudio y conocer la curva esfuerzo versus logros, así que decidió atracar una joyería. Cerró los ojos y al volver a abrirlos se encontraba frente a la puerta. Los aparadores de los lados estaban repletos de anillos y collares. Agarró bien la recortada y entró feliz de poder recrear a este personaje en su sueño.

—¡Manos arriba, esto es un atraco! —blandiendo el trabuco con una mano.

Dos roedores se encontraban en el interior: la propietaria del negocio y un cliente. Ambos levantaron los manos petrificados por el pánico.

—No temáis, nadie va a salir herido, esto es un experimento científico —intentó calmarlos Sheldon.

—¿Un experimento científico? —se atrevió a decir la propietaria.

—Sí, quiero que llenes este saco con todas las joyas que tengas: oro, plata, platino, diamantes… Todo.

La roedora comenzó a llenar el saco con todas las joyas del mostrador, no parecía importarle demasiado el atraco, quizás fuera porque ella no perdía dinero.

—Perdona, pero no tenemos ni oro ni plata ni platino —se dirigió nuevamente a él.

—¿Cómo que no tenéis?

—No encontrarás esos metales en ninguna joyería; desde el año 2000 forman parte de los elementos en escasez de recursos. El oro, por ejemplo, solo se utiliza en componentes electrónicos y en el programa espacial.

—Bueno, da lo mismo. Sigue llenando la bolsa con todo lo que tengas, me servirá igual. —Pensó un momento y preguntó—: ¿Cuáles son las joyas más caras?

—Estos últimos años se están llevando mucho las joyas con piedras de los satélites.

—¿Los satélites?

—Sí, Heracles y Era, nuestros satélites —mientras le enseñaba un collar—. ¿Ves? Piedras como estas.

Sheldon alargó la mano para sentir su tacto. Su superficie estaba muy pulida, tenían un color claro con algún topo más oscuro.

—Muy bien, pónmelo todo. Los diamantes, ¿dónde están los diamantes?

—Los tengo en aquella vitrina, pero son diamantes sintéticos, no son tan valiosos.

—Bueno, me lo llevaré todo por si acaso.

En cuanto el saco estuvo lleno a rebosar, lo levantó a duras penas y salió por la puerta. No podía ir a su casa; es el primer sitio al que irá la policía a buscarle. Pero Sheldon cometió el atraco sin cubrirse la cara porque sabía que no le podía pasar nada. Su segundo paso era hacerse con un coche a cambio de aquellas joyas. Cerró los ojos y al abrirlos se encontraba dentro de un concesionario de coches, con el saco cerrado para no levantar sospechas. Se acercó a un descapotable rojo y pasó su mano por el capó, su tacto era muy suave como el de la punta de un lápiz. Enseguida una vendedora no muy alta, con el pelo castaño lacio se le acercó.

—Buenas tardes, me llamo Alitz Cooper. ¿En qué puedo ayudarte?

—Buenas tardes. Qué tacto tan curioso, ¿de qué material es la chapa?

—De grafeno, claro. Ligero y más duro que el acero.

—Me gusta este coche ¿Cuánto cuesta?

—Tienes buen ojo. Un Journey cupé último modelo, más silencioso que el viento. Cuesta veinte mil likes y te lo puedes llevar hoy mismo. A no ser que dejes tu coche a cambio, te saldrá más barato, pero la transacción tendremos que hacerla en la Administración del ayuntamiento.

—No tengo coche, pero tengo esto. —Le enseñó el contenido del saco.

—¿Y qué quieres que haga yo con todas esas joyas?

—Pues podrías conseguir un coche o muchas otras cosas, como estoy haciendo yo.

—Eso es imposible; no se puede ser el dueño de un coche sin el QR.

—¿Qué quieres decir?

—Para ser propietario, el vehículo tiene que estar inscrito en tu código personal y, al introducirse en tu historial, automáticamente se te retira de la cuenta el precio del vehículo al contado o a plazos, según la opción. Y para que el coche arranque yo tendría que validar los permisos para que puedas usar tu huella digital.

—Puedes decir que te amenacé con un cuchillo.

—No lo entiendes. El coche tiene tres localizadores, uno dentro del bloque motor. En cuanto salgas del concesionario se activarán y enviarán una señal de alerta a la policía. No sé qué querrás hacer con él, pero nadie en su sano juicio querría conducir un coche sin propietario.

No podía comprar un coche ni ningún vehículo nuevo con aquellas joyas, un pequeño inconveniente. Volvió a intentarlo con coches de segunda mano. Cerró otra vez los ojos y al abrirlos se encontraba a unos metros de un garaje particular, comenzaba a anochecer y justo en ese momento estaba aparcando un coche que parecía bien cuidado. De su interior salió un roedor despreocupado, cantando «Li, li, liii».

—Hola, perdona.

—¿Sí? ¿Quién es?

—Perdona que te moleste. Como ves, vengo de otro planeta y estoy investigando vuestras costumbres. —La inusual frase de Sheldon no pareció alertar al roedor—. Estoy empadronado, tengo mi propio código QR, incluso estoy abriendo un bar en el barrio. Estoy interesado en vuestra filosofía del intercambio. ¿Serías capaz de cambiarme estas joyas por tu coche?

—¿Y qué voy a hacer yo con esas joyas si está prohibido intercambiar artículos de lujo y tampoco es que me llamen la atención?

—¿Y a tu esposa tampoco le gustan las joyas?

—No tengo esposa.

—¿No tienes esposa? ¿Cómo te llamas? —Sheldon se dio cuenta de que no sabía qué decirle, solo intentaba ganar tiempo.

—German.

—Encantado. Yo soy Sheldon. Entonces, tendrás amigas, ¿verdad? —guiñándole el ojo—. ¿No te gustaría poder regalarles joyas? Seguro que se pondrían muy contentas… —

Sheldon utilizaría cualquier recurso para corromper a German.

—La verdad es que sería un punto, pero es que el coche está a mi nombre y, si te paran, no quiero que me llame la policía un día y verme envuelto en vete a saber qué.

—Puedes decir que te lo han robado.

—Para poder conducir mi coche necesitas que reconozca tu huella digital y para conseguir eso necesitas mi autorización con mi huella.

—Puedes decir que te obligué a hacerlo.

—Entonces, para no parecer culpable, tendría que avisar del robo y tardarían muy poco en encontrar el coche. Mira, aunque te hicieras con un coche, tampoco podrías hacer nada con él: no puedes intercambiarlo ni conseguir dinero.

—Vale, de acuerdo. —A Sheldon no le sentó bien el rechazo—. ¿Y si te doy un collar por cada diez relojes que me consigas?

—¿Y para qué me voy a arriesgar a robar diez relojes para ti a cambio de un collar? Si me hiciera falta, que no es el caso, me sería más sencillo robar yo mismo el collar, y no diez relojes y tener que depender de ti.

—Pero podrías conseguir cosas con las joyas.

—¿Como el qué?

—Podrías conseguir ordenadores, móviles, cosas que te gusten, y no gastarías dinero de tu cuenta personal.

—Te sería más sencillo si robaras ordenadores; son más fáciles de intercambiar que las joyas. Sin embargo, todos los artículos de cierto valor llevan localizadores. En el momento que un artículo sale de la tienda sin haber sido comprado…

—Sí, ya sé: envía una alerta a la policía. —Estaba picando contra la pared—. ¿Es que a nadie le van a gustar las joyas ahora? —exclamó Sheldon al cielo.

—Bueno, desde que carecen de valor económico fuera de las tiendas, las joyas son artículos solo para gente realmente devota, ya que después no vas a poder recuperar el dinero que te han costado.

—Bien, German, seré claro contigo: estoy intentando crear un grupo criminal para hacerme rico y demostrar que vuestro sistema no funciona, pero estoy comprobando que el esfuerzo y el riesgo son muy altos, y por el momento los logros son muy bajos —se confesó.

—Sheldon, aunque consiguieras tener tu casa llena de artículos robados y de joyas, eso no hará que tu cuenta aumente ni conseguirás un coche ni una casa mejor. Solo trabajando y con un buen historial podrás conseguir todas esas cosas.

—No puedo hacer que mi cuenta aumente, de acuerdo; pero sí puedo hacer que no disminuya consiguiendo objetos por trueque en vez de comprarlos —insistió.

—No te canses, eso ya lo hace mucha gente: usan el trueque para ahorrarse algunos likes. —Sheldon se quedó cabizbajo, sin saber qué nuevo argumento traer—. Entiendo tu confusión: es porque en tu planeta funcionáis de otra forma, ¿verdad?

—Sí, y no entiendo por qué no existe la delincuencia en todo Ockham.

En aquel momento irrumpió en la acera un coche de policía. Dos ratas blancas altas como Sheldon salieron del coche y se dirigieron hacia ellos.

—Sheldon Tesla, quedas detenido por el atraco a una joyería. Date la vuelta y pon tus manos en la espalda.

Sheldon huyó de la situación cerrando los ojos y le rodeó la oscuridad y la tranquilidad. Aprovechó el momento para continuar con sus cábalas, ya que nadie podía molestarle en aquel lugar: «¿Cómo me habrán encontrado tan rápido? Tal vez alguna de las joyas tiene un localizador o la propia chica me lo metió en el saco. Da igual, eso ahora no importa. —Volvió a centrarse en su objetivo—. ¿Qué podría hacer con este saco? Quizás podría sobornar a algún político y beneficiarme de sus decisiones. No, no puede ser porque es el pueblo el que elige cada uno de los cambios del sistema. —Se autocorrigió al instante—. Quizás explorando otro tipo de corrupción. ¿Cómo sería, por ejemplo, con el narcotráfico? —Se cogió el mentón para pensarlo mejor mientras flotaba en el oscuro vacío—. Tampoco lo veo. Para empezar, no se pueden hacer grandes transacciones, no puedo obtener a cambio ni vehículos ni viviendas sin ser el dueño. Eso ya lo he entendido. Solo podría conseguir objetos a cambio de dosis pequeñas y entonces estaríamos en las mismas de antes con las joyas. —Comenzaba a sufrir porque no encontraba la salida—. ¿La trata de personas quizás? Secuestro a un roedor, ¿y qué puedo conseguir a cambio? Nada. Ni dinero, ni casas, ni vehículos, solo objetos para intercambiarlos por otros objetos y no conseguir nunca dinero. Buen truco el de este dinero intransferible. —No tardó en darse por vencido—. No lo sé —admitió por primera vez Sheldon—. No soy capaz de encontrar la salida de este laberinto».

Y, sin indagar otra posible solución, abrió los ojos rendido y la escena continuó.

—No te muevas —mientras le ponía las esposas—. Tienes derecho a un abogado; si no tienes uno, se te asignará uno de oficio. Tienes derecho a permanecer callado, cualquier cosa que digas podrá ser...

Seguían leyéndole sus derechos mientras se lo llevaban detenido, abrieron la puerta trasera del coche, lo montaron y se lo llevaron para comisaría. El viaje no duró mucho. Sheldon, con la cabeza apoyada en la ventana, estaba derrotado y desorientado.

Dentro de la comisaría había un montón de roedores de uniforme azul, atravesaron la sala de oficinas y lo metieron en una habitación que estaba libre, solo con un par de sillas y una mesa.

—Siéntate, haz el favor.

Sheldon se dejó caer sobre la silla y, aunque era consciente de que podía salir de aquella situación en un abrir y cerrar de ojos, la verdad es que, por más que lo intentaba, no se le ocurría a dónde ir o qué otro paso dar.

Un policía de pelaje más oscuro y obeso llegó por la puerta.

—Soy el teniente Twinslow. Estás detenido por el atraco a la Joyería Wellington. ¿Quieres explicarnos por qué lo has hecho?

—Estaba intentando destruir vuestro sistema, pero no he sido capaz.

El teniente Twinslow no entendió la respuesta de Sheldon, pero esas palabras en boca de un alienígena le parecieron peligrosas.

—¿Has venido a destruir nuestro planeta?

—No, qué va, ni mucho menos. Solo intentaba entender vuestro sistema, pero es que no puedo comprender que no tengáis delincuencia. ¿Cómo puede ser un mundo tan perfecto y que no sea capaz de encontrarle el fallo?

—No es un mundo tan perfecto. —El teniente se soltó después de saber que el alienígena no pretendía acabar con Ockham—. Sigue habiendo robos, violencia y asesinatos.

—¿Ah, sí? —Aquella terrible frase causó una gran alegría en Sheldon—. ¿Y a qué se deben?

—Hay robos porque los roedores somos envidiosos; si te falta algo, seguro que ha sido un conocido, aunque también hay gente que es cleptómana y tiene esa enfermiza necesidad de robar. También hay asesinatos, porque los roedores también pecamos de ira y matamos por causas sentimentales o solo por puro odio o por alguna sociopatía. Y, sobre la violencia, qué te voy a contar… Puedes buscarte problemas si miras al roedor equivocado. Eso sí, desde que implantamos nuestro actual sistema, la criminalidad y los asesinatos han descendido casi un 99 % en todo el planeta, y, de las intervenciones que hacemos, la gran mayoría son infracciones leves.

—Sí, claro. La naturaleza humana, de donde procedo, también ha sido forjada con esas debilidades morales. Pero lo peor es que en mi planeta también hay hambre y pobreza y mafias y miles de muertos cada día por culpa de las injusticias. Y trabajos que nos esclavizan y una sanidad mercantilista y las viviendas, que son las rocas que apuntalan al suelo nuestras cadenas. —Por fin lo arrojó todo, lo necesitaba, confesó y se quedó más tranquilo—. Y guerras, también tenemos guerras. Vosotros no tenéis guerras, ¿verdad?

—No, no tenemos guerras. Nuestro sistema depende de la colaboración de todas las culturas de Ockham y, con el control global que hay de las materias primas para su reparto igualitario, se acabaron las guerras por el control de los recursos. Se abrieron todas las fronteras y pasamos de tener muchos países a uno solo, Ockham, y lo que antes llamábamos países ahora lo llamamos culturas.

—Culturas, ahora entiendo. Y dime, ¿tampoco tenéis ejército?

—Sí, ejercito sí, nuestro Ejército de Salvación. Allá donde exista una desgracia, un terremoto, un incendio, un rescate en alta mar, una caída de montañismo, allí estará nuestro ejército de héroes para salvarnos. Y luego están, claro, nuestros héroes del programa espacial.

Sheldon se quedó callado después de escuchar al teniente. Había estado escuchando el mismo optimismo desde el principio del sueño y comenzaba a darle dolor de cabeza. Sin embargo, su cara mejoró algo al llegarle una revelación de la nada: el sistema se puede jaquear, ese es el fallo que buscaba. Un buen jáquer podría hacer explotar todo el sistema.

—Perdona, teniente, ¿no tenéis miedo de que alguien pueda jaquear el sistema o destruirlo?

—El *software* utilizado es muy sencillo de comprobar, ten en cuenta que el dinero solo aumenta una vez al mes y lo hace con una cantidad exacta, eso facilita mucho el rastreo de las cuentas. Y, si alguna vez, ya sea por causa humana o no, se inutilizaran los servidores o la red o el *software*, estamos preparados para restablecer la normalidad en menos de una semana y comenzaríamos todos con los datos guardados del día anterior al fallo. Por suerte, eso todavía no ha pasado. Además, la pena que te puede caer por intentar jaquear el sistema mundial puede ser de por vida. Ha habido un par de intentos, que yo recuerde, pero los cogieron; los delitos informáticos siempre dejan huella.

Sheldon iba a preguntar al teniente Twinslow quién se encargaba de comprobar las cuentas, pero desistió; se temía una nueva respuesta fácil y acertada.

—Está bien, ya es suficiente, no me cabe más información. —Sheldon levantó las manos intentando parar la conversación.

—Vamos a tranquilizarnos un poco. Mira, entiendo tu situación y que todo esto sea nuevo para ti y que no entiendas nuestra cultura, pero no podemos dejar pasar por alto el atraco. De momento, te vas a ir a la celda y ahí tendrás tiempo para recapacitar y calmarte. Primero, vacía tus bolsillos encima de la mesa, por favor. —Sheldon sacó el móvil y la tarjeta con el código, y los dejó encima de la mesa. Era todo lo que tenía—. Bien, por ahora tengo suficiente material para empezar, no hay por qué alargarlo más. —Y, haciendo indicaciones a las ratas blancas que le habían traído en el coche patrulla, añadió—: Lleváoslo a su celda.

Le ubicaron en la primera celda, tendría unos seis metros cuadrados, una ventana de dos hojas, un escritorio y una cama sencilla. Se sentó sobre ella y se recostó, era cómoda. Su cansancio mental le estaba provocando un poco de jaqueca, todo el día buscando una y otra vez el fallo en el sistema de Ockham le había dejado exhausto. Vencido ante la sencillez del modelo y sus enormes beneficios, Sheldon se estiró completamente en la cama y buscó refugio durmiéndose profundamente dentro de su propio sueño. Su cerebro estaba tan sobresaturado que durmió durante muchos muchos días.

Cuando volvió en sí seguía en la misma celda y llevaba puesto el uniforme de la cárcel, su pelo y su barba habían crecido, parecía un náufrago. Se levantó y se estiró, haciendo sonar algún que otro hueso de la espalda. Estaba renovado y tranquilo; el sueño dentro del sueño había sido reparador, atrás quedaba todo el estrés y la frustración. Observó su celda por última vez y dijo:

—Ya es hora de volver a la realidad —mientras cerraba los ojos.

Al volver a abrirlos, lo primero que vio fueron unas flores rojas, blancas y amarillas. El balcón de la casa de Fili seguía exactamente igual que la última vez. No podía irse sin despedirse de su pequeño amigo, se lo había prometido. Su aspecto volvía a ser el mismo que al comienzo de la aventura, se acercó a la puerta y llamó al timbre. Enseguida le abrieron.

—¡Sheldon, por fin has vuelto! —Era Fili quien le abría la puerta y saltaba a abrazarlo—. No me has avisado que venías.

—Perdóname, Fili, se me olvidó. Pero no hace tanto tiempo que me fui, ¿no?

—Jo que no… Hace tres meses que te fuiste.

—¿Tanto tiempo ha pasado? Perdóname, Fili, no me di cuenta.

—Está bien, no te preocupes. ¿Cómo te ha ido? ¿Qué pasó con tu bar?

—Pues la verdad es que ni lo he llegado a abrir, he pasado mucho tiempo durmiendo. —Sheldon sonreía y se acariciaba la cabeza por detrás, era todo un personaje. Fili también se rio.

—¡Mamá —gritó—, ha vuelto Sheldon!

—¿Cómo fueron las vacaciones? —le preguntó a Fili.

—Puafff, una pasada, fuimos a esquiar. ¿Tú has esquiado alguna vez?

—¡Holaaa, Sheldon! Cuánto tiempo… ¿Cómo estás? —interrumpió su madre, que se acababa de asomar a la puerta.

—Muy bien, Sonia. Vuelvo de este viaje muy relajado y lleno de paz interior.

—¿Encontraste lo que andabas buscando?

—No, la verdad es que no. No he encontrado el fallo de vuestro sistema, pero he llegado a la conclusión de que, aun en el caso de que existiera ese fallo, vuestro sistema sigue siendo mucho mejor que el de la Tierra, sus ventajas son muy superiores, por lo que me quedo con eso. Pero dime una cosa: ¿cómo conseguisteis cambiar el antiguo sistema por este nuevo?

—Esa historia la conoce todo el mundo. Antes de que yo naciera, cuando las culturas se llamaban países, teníamos muchas injusticias, pobreza, guerras, muertas de hambre. En aquel entonces, a mediados del siglo xx, varios países juntaron sus fuerzas y formaron un grupo de naciones unificadas. Estas uniones fueron el inicio del primer Gobierno mundial y se hizo posible gracias a un referéndum popular. Cuando nuestra civilización alcanzó la tecnología de la conectividad global, un grupo de ingenieros de los Estados Aliados, en Bratfort, presentó un proyecto sobre eficiencia global basado en la nueva tecnología, resultando un sistema muy superior al que se utilizaba en aquella época y que, además, prometía acabar con el hambre y la pobreza. Debido a la escasez de recursos y al incesante aumento de la población, las guerras, las injusticias y el descontento general con una política más interesada en enriquecerse que en los problemas de los ciudadanos, hizo que la gente dejara claro a los políticos que la formación que incluyera en su agenda el famoso referéndum para cambiar de sistema tendría su voto. La idea recorrió todo Ockham como un rayo. Cuanto más pobre era la cultura o el país, más veloz y potente era su efecto. Al final, el 15 de junio de 1992 se hizo el referéndum, en el que participaron casi el 90 % de los países, un 74 % de los votantes acabaron de un plumazo con un modelo que tenía más de 3000 años de antigüedad. Ganamos porque la mayoría de la gente era pobre o esclava de su trabajo, o ambas cosas.

—Bueno, ser más eficiente que en la Tierra es fácil, allí todo el mundo va a la suya. Perdona, una última curiosidad: ¿no tuvisteis miedo de realizar un cambio tan drástico?

—Bueno, yo no estaba, pero, por lo que sé, se respetó todo lo que la gente había conseguido con las antiguas reglas: todo el mundo conservó sus casas, su dinero, sus vehículos, todo. Los empresarios conservaban sus negocios y locales. El antiguo sistema económico quedó congelado para que, ante un posible fracaso del nuevo sistema, se pudiera retomar desde donde se había dejado. De hecho, mucha gente tardó varios años en cambiar su antiguo dinero por likes por si acaso. —Hizo una pequeña pausa, reflexionando sobre lo que acababa de decir—. Está claro que hoy en día sigue habiendo roedoras con muchas casas y mucho dinero, pero todas sabemos que, con el paso del tiempo y de las herencias, esas diferencias acabarán desapareciendo. —No se apreciaba movimiento en el cuerpo de Sheldon, que parecía concentrado en sus palabras, así que Sonia continuó—: ¿Quieres quedarte a comer? Mi marido está haciendo la comida y es muy buen cocinero.

—No, gracias. Ya es hora de que vuelva a mi planeta, solo he venido a despedirme.

—¡Jo! ¿Otra vez te vas? —protestó Fili.

Sheldon hincó la rodilla derecha y agarró al pequeño por los hombros.

—Me tengo que ir, Fili. Pero no tienes nada de que preocuparte; ahora que os he descubierto pienso soñar con Ockham todas las noches que pueda, así que me vas a ver mucho por aquí y contaré con tu ayuda para abrir mi negocio.

—¿Soñar con Ockham? —preguntó confundido nuestro joven amigo.

—Soñar, soñar, soñar…

Hubo un fundido en negro y un par de segundos después fue consciente, el sueño había terminado. Abrió los ojos y desapareció la magia, ahí estaba otra vez su habitación esperándole. El armario, la cómoda y la cortina le estaban dando la bienvenida, pero no pudo devolverles el saludo; su mente aún no había vuelto, seguía atrapada en Ockham. Le costó un rato reaccionar.

—¡Fuiuuu! Menudo viaje… —Finalmente se reincorporó y extendió sus brazos por encima de su cabeza todo lo que pudo—. Aaah… Qué bien he dormido, estoy como nuevo.

Entró al baño para lavarse la cara, giró la llave y salió el agua. Estaba muy fría. Frotó sus mejillas con sus manos enjabonadas y, acto seguido, se aclaró. Después se aplicó la espuma, cogió una cuchilla nueva y comenzó a afeitarse lentamente su incipiente barba, y aunque llevaba un rato evitándolo, al final pasó, su mirada, acabó coincidiendo con la del espejo. No pudo evitar detenerse y enfrentarse.

—¿Y ahora qué vas a hacer?